NOTICE HAGIOLOGIQUE

SUR

SAINT-GINIEZ

PAR

M. l'Abbé DASPRES

CURÉ DE LA PAROISSE SAINT-GINIEZ, DIOCÈSE DE MARSEILLE.

MARSEILLE

IMPRIMERIE ET LITHOGRAPHIE DE Mme Ve P^{re} CHAUFFARD

RUE DES FEUILLANTS, 20

1874.

NOTICE HAGIOLOGIQUE

SUR

SAINT-GINIEZ

PAR

M. l'Abbé **DASPRES**

CURÉ DE LA PAROISSE SAINT-GINIEZ, DIOCÈSE DE MARSEILLE.

MARSEILLE

IMPRIMERIE ET LITHOGRAPHIE DE Mme Ve P^{re} CHAUFFARD

RUE DES FEUILLANTS, 20

1874.

NOTICE HAGIOLOGIQUE

SUR

SAINT-GINIEZ

CHAPITRE 1er

ANTIQUITÉ ET FERVEUR DU CULTE ENVERS SAINT-GINIEZ.

Le nom de Saint-Giniez vient par corruption du latin *Sanctus Genesius*, dont la traduction ordinaire est Saint-Genés.

Deux saints ont porté ce nom; tous les deux furent martyrs, tous les deux versèrent leur sang avant d'avoir été régénérés par le saint baptême, tous les deux souffrirent vers l'an 300, enfin tous les deux sont inscrits au martyrologe romain le 25 août. L'un cependant était comédien et fut martyrisé à Rome, l'autre était greffier à Arles et fut décapité sur les bords du Rhône.

La France a eu peu de Saints plus vénérés que Saint-Genes d'Arles ; son culte marchait de pair avec celui de St Denis de Paris, St Iréné de Lyon, St Martin de Tours, St Lazare de Marseille. Les plus graves et les plus savants auteurs ont célébré sa gloire : nous avons une remarquable homélie du Vme siècle sur notre martyr, par St Eucher ; St Paulin de Nole nous a laissé une histoire très-détaillée des persécutions dont il fut l'objet à sa mort ; St Hilaire d'Arles et St Grégoire de Tours en ont parlé dans leurs ouvrages ; le poëte espagnol Prudentius l'a chanté dans ses vers :

> Te que præpollens Arelas habebit,
> Sancte Genesi.

Un autre poëte : Fortunat, fait connaître le culte public que l'on rendait à notre Saint :

> Porrigit ipsa decens Arelas pia dona Genesi.

Ce culte d'ailleurs est confirmé par tous les pèlerinages qui se faisaient dès les temps les plus anciens auprès des reliques de Saint Genes.

On rapporte l'histoire de la mère de St Quinidus qui mourut Evêque dans la seconde moitié du VIme siècle ; cette pieuse femme étant venue suivant la coutume des chrétiens, vénérer le St martyr d'Arles, mit au monde très-heureusement au milieu de la foule qui la pressait de tous côtés, celui qui devait être plus tard un St Evêque.

On connaît aussi le récit d'un pèlerinage que vint faire en ces lieux bénis, l'Evêque St Appolinaire qui était contemporain de St Césaire, Evêque d'Arles.

« Les fidèles avaient pourvu, dit St Paulin de Nole, à
« ce que les deux rives du fleuve fussent placées sous la
« protection du Saint ; l'une avait été consacrée par l'ef-
« fusion de son sang, l'autre reçut son corps. »

C'est dans l'Eglise des Alyscamps que furent conservées les précieuses reliques, et cette église qui date du IVme siècle porta longtemps le nom de St Genes; la chapelle de Trinquetaille est élevée à l'endroit même où le Saint eut la tête tranchée: il y eut même à cet endroit un monastère dont il est longuement question dans les Chartes de St Victor.

A l'époque des invasions Sarrazines, alors que les Arlésiens étaient obligés de se réfugier dans leur amphithéâtre qui servait de citadelle, on construisit à côté de St Michel de l'Escale sur les gradins même de l'amphithéâtre une Eglise à St Genes.

Une autre chapelle plus récente fut élevée sous le même vocable dans l'Eglise de St Trophime par l'Archevêque Adhemar de Monteils de Grignan, parent de la marquise de Sévigné.

Mais ce n'est pas à Arles seulement que notre Saint était vénéré; toute la France et la Provence surtout professait envers lui un culte particulier.

En 975, on consacrait à Lodève une magnifique basilique de St Genes en présence d'Imérius Evêque de Narbonne, de Ryquinus Evêque de Magdelone et de Deusdedit Evêque de Rodez.

La profonde vénération des habitants de Lodève envers celui qu'ils avaient choisi pour patron et protecteur, leur valut une magnifique récompense: ils reçurent en 1245, un bras et une fiole du sang de St Genès, et les fêtes de cette réception furent si solennelles, qu'on célébra longtemps l'anniversaire de cette translation.

Les religieux Cassianites de St Victor s'étaient établis à Arles et possédaient dès les premiers siècles de leur établissement le couvent de St Honorat où se trouvait le corps de St Genes, aussi avaient-ils ce Saint en grand honneur, et ils le donnèrent comme titulaire à une multitude de prieurés, cures ou sanctuaires. Nous ne pouvons certainement pas les citer tous, mais il en est qui se retrouvent plus fréquemment dans les vieux documents, et qui méritent au moins une mention.

Dans les Basses-Alpes (Diocesis Sistaricensis), il y a le St Ginies de Dromone, à 15 kilomètres Nord Est de Sisteron, il fut donné en octobre 1030 par Feraldus Evêque de Gap au monastère de St Victor (Charte 712). Dans le même arrondissement à Turriès qui dépendait de St Victor, il y avait aussi une Eglise sous le vocable de St Genies qui était placée au haut du village; elle a été reconnue et confirmée à St Victor en 1080 par Lantelme Archevêque d'Embrun (Charte 699). Depuis deux siècles elle a été remplacée par une nouvelle paroisse sous le titre de N.-D. des Neiges.

Dans le diocèse de Rodez, le monastère de St Genes de Rivedol remplit un grand rôle dans l'histoire de l'abbaye de St Victor; il fut donné par Pons Evêque de Rodez en 1082, (Charte 835), dans une Charte de l'an 1135 il est désigné: *Super fluvium Olt*, et dans une autre de 1337: *de Ripa Olti*.

Non loin de là se trouvait St Genes de Valargues ou Valcerga, situé dans la commune de Saint-Georges de Lusençon; et encore dans le même diocèse : St Genes des Ers.

L'arrondissement de Forcalquier avait le prieuré de St Genes de Reillane qui fut donné l'an 1000 et le 5 février, par Boniface et Ermengarde (Charte 169); le comte Raymond Bérenger le prit sous sa protection par acte du 6 octobre 1240 (Charte 1027).

Près d'Apt dans le canton de Gordes, on trouve St Genes de Villa Urbana. (Charte 437).

Enfin plus près de nous dans l'île de Blascou ou des Martigues se trouvait l'Eglise de St Genes; la Charte 157 nous apprend qu'en l'année 1041 l'Archevêque d'Arles Raimbaldus, donna l'Eglise de St Genes, qui était dans cette contrée qu'on appelle Catarusca. Quelques années après, le 26 juin 1056, Aluis et son époux Ugo donnaient des terres, des vignes et des salines situées dans cet endroit nommé Cadarosque ou Berre (Charte 202), et l'année suivante l'oncle de ces bienfaiteurs : Volveradus et son épouse Bellitrude donnaient aussi une ferme située dans le champ de Cadarosque ou de Berre près de l'étang de Martigues : *in castro Kadarosco, quod altero nomine vocatur Berra, situmque est prope stagnum Marticum.*

Vers le milieu du XIIme siècle Gérard Tenque, fondateur de l'ordre des hospitaliers de St Jean de Jérusalem, établit dans l'île de Saint-Geniés où il était né, un hospice et une église ; Idelfons roi d'Aragon et comte de Provence les prit sous sa protection en 1184 et Hugues des Baux vicomte de Marseille lui succéda dans ce protectorat en 1211.

Nous pourrions encore citer : dans le Gard, Saint-Genies de Comolas et Saint-Genies de Magloire ; près de Beziers Saint-Giniez de Varensal et Saint-Genies le Bas ; dans l'Ardèche Saint-Gineys en Coiron ; plus loin on trouve Saint-Genies dans la Dordogne, et dans la Haute Garonne.

Enfin si nous voulons sortir de France nous trouverons en Espagne le culte de notre Saint solennellement établi à Tolède et fêté dans la liturgie Mozarabique ; il y avait aussi dans les environs de Girone un monastère qui fut donné aux religieux de St Victor par Berengarius Evêque de Girone et se nommait St Genes de Palatiolo. (Charte 816).

Notons encore un signe bien caractéristique de la dévotion générale à St Genes ; dans un très-grand nombre de chartes, du Xme et surtout du XIme siècle, nous lisons en tête des donations faites au monastère de St Victor :

Je donne à Dieu, à Ste Marie, à St Victor et à St Genes......

Et maintenant devant cette magnifique manifestation d'un culte des plus solennels et des plus authentiques envers St Genes d'Arles, répandu avec tant de profusion surtout dans le Midi de la France, est-il permis de douter que notre Eglise de Saint-Giniez ait été placée sous un autre patronage que celui de l'illustre martyr d'Arles ?

Une seule circonstance a pu faire hésiter un moment et nous devons à la vérité de la relever : la paroisse de Saint-Giniez possède une relique de St Genes de Rome et cela a pu paraître une raison suffisante pour déterminer notre patron ; mais nous avons eu l'occasion de dire dans quelles circonstance ces reliques avaient été acquises.

Le Général Liégard qui était propriétaire depuis 1803, de la campagne attenant à l'Eglise, avait rendu des services importants au Pape Pie VII pendant qu'il commandait en Italie ; entr'autres récompenses que le Souverain-Pontife lui accorda, il reçut une relique de St Genes de Rome pour obtenir la guérison de son épouse qui était épileptique ; la dévotion populaire attribue en effet à ce Saint la guérison de cette terrible maladie et en Italie cette croyance est si répandue que l'épilepsie est appelée le mal de St Genes ; ces reliques sont restées à la paroisse et pour ceux qui ne connaissaient pas nos vénérables traditions historiques ce Saint de Rome a été pris pour notre titulaire.

Nous sommes heureux de cette circonstance qui nous permet de joindre dans une commune vénération le St Genes notre patron et celui dont nous possédons de si précieux souvenirs.

Mais il est temps, d'en venir à l'histoire de notre Saint.

CHAPITRE II.

HISTOIRE DE SAINT-GENES.

L'époque du martyre de St Genes d'Arles est fixée par le Cardinal Baronius à l'an 303 pendant la persécution de Dioclétien et Maximien et sous le Préfet Rictius Varus. Pendant tout le temps que dura la persécution, personne ne songea à écrire les actes de cet événement, mais la paix étant rendue à l'Eglise plusieurs auteurs relatèrent ces faits ; et celui qui nous en a transmis l'histoire la plus complète est St Paulin de Nole, qui est probablement le même personnage que Laurentius Surius.

« Dès l'origine, dit ce Saint historien, la piété des
« Religieux et des fidèles aurait du confier ces actes
« glorieux au témoignage des écrits, afin qu'ils puissent
« se transmettre sans mélange et dans toute leur inté-
« grité aux descendants les plus reculés ; mais parce
« que les générations qui suivirent immédiatement ce
« généreux martyr ne le firent pas, il est urgent main-
« tenant, de les confier à des pages fidèles, de peur
« que ces faits importants qui, grâce à des souvenirs
« toujours vivants, sont racontés dans leur exactitude,
« ne paraissent fabuleux. »

St Genes fut l'enfant de la ville d'Arles par sa naissance et son patron par sa mort. « *Alumnum ejus jure nascendi, patronum virtute moriendi.* »

Il fut enrolé dès sa plus grande jeunesse dans la milice de la Province Romaine; mais ceux qui étaient ainsi engagés n'étaient pas tous guerriers, quelques uns étaient employés à un ministère plus pacifique, comme notre Saint par exemple, qui remplissait les fonctions de greffier, *exceptor*, et nous dirions plus volontiers de sténographe; il professait en effet, nous disent les actes, cet art qui consiste à égaler par la rapidité des signes et celle de la main, la vivacité de la parole.

Ce n'est pas d'ailleurs une chose nouvelle dans l'histoire, car déjà dans le Ier siècle, le poëte païen Manilius parlait de ces écrivains dont une lettre est un mot et qui dépassent par leurs notes la vitesse de la langue (1). Cette charge, dit St Paulin, marquait prophétiquement avec quelle promptitude il graverait les préceptes divins dans son cœur.

Or il arriva qu'en remplissant ses fonctions, le jeune greffier eût à noter l'édit de persécution contre les chrétiens; mais ce que ses oreilles ne purent entendre sans frémir, sa main se refusa à l'imprimer sur la cire. Jetant donc ses tablettes aux pieds du juge il protesta contre ces ordres impies et sacriléges, et pour ne manquer à aucun des préceptes de l'Evangile qui défend de s'exposer au péril, après cet acte de protestation, il se déroba à la colère du juge en changeant souvent de retraite et même en fuyant de ville en ville.

Cependant la fureur du tyran ne connut plus de bornes, il ordonna à ses satellites de mettre à mort le courageux jeune homme partout où ils le rencontreraient. Devant l'activité et la persévérance de cette persécution, Genes comprit l'immensité du danger qui le menaçait et com-

---

(1) Ces signes abrégés dont se servaient les greffiers s'appelaient des notes, d'où est venu le nom de notaire.

me il n'était encore que catéchumène, il fit demander à l'Archevêque d'Arles la faveur du saint baptême ; mais, soit à cause des difficultés que suscitait la persécution, soit par une sévérité que nous ne nous expliquons plus à notre époque et qui cependant était nécessaire dans ces premiers temps du christianisme, l'Archevêque ne crût pas devoir obtempérer à des vœux si légitimes et il fit répondre au courageux confesseur que l'effusion de son sang suppléerait aux ondes du baptême.

Ainsi l'acte si généreux et si franchement chrétien par lequel Genes avait prouvé sa foi, la persécution qu'il avait endurée depuis si longtemps, la mort qu'il bravait à chaque instant, n'étaient pas des actes assez sérieux pour admettre ce catéchumène à la réception du premier des Sacrements ; mais Dieu qui lit dans les cœurs nos dispositions jugea que le Saint était mûr pour le ciel, la victime suffisamment préparée pour le martyre, il permit alors à ses persécuteurs de le découvrir.

Se voyant poursuivi, le glorieux athlète, se précipita dans le Rhône ; quelques auteurs, entr'autres, Petrus Saxius, ont prétendu que les eaux du fleuve se retirèrent, lui permettant de le traverser à pied sec ; l'oraison ou collecte propre de l'office Mozarabique le laisse aussi parfaitement à entendre ; mais il est plus probable qu'il n'y a pas eu de miracle et que le Saint a traversé le Rhône à la nage, c'est l'opinion de St Grégoire de Tours, c'est aussi celle qui semble ressortir des écrits de St Paulin de Nole. Quoiqu'il en soit les bourreaux traversèrent eux-mêmes le fleuve et atteignirent notre Saint à l'endroit que Dieu avait marqué pour délivrer cette âme des liens de son corps. Il ne fut pas plongé dans les fonts sacrés, dit St Eucher, mais il fut régénéré par la mort. *Non tingitur fonte, sed abluitur passione ; non vivificatur baptismate, sed morte regeneratur.*

Une sorte de légende populaire attribuait à ce Saint le miracle de St Denis portant sa tête après sa décapitation, mais aucun auteur ne le laisse supposer et il est probable que cette légende est due à l'habitude qu'avaient les sculpteurs de l'époque, de représenter les saints qui furent décapités avec leur tête à la main, pour marquer le genre de leur martyre.

Il n'est pas d'ailleurs nécessaire de recourir à la légende, pour relater des miracles accomplis par notre Saint.

St Grégoire de Tours raconte, que Dieu fit naître à l'endroit du martyre de St Genes, un arbre qui était l'objet d'une grande vénération ; la foule s'en arrachait les feuilles qu'elle emportait comme un précieux trésor ; après les feuilles, l'écorce, le tronc lui-même furent enlevés. On remplaça cet arbre par une colonne de granit et de là vint le nom de la chapelle construite à cet endroit qui fut appelée St Genes de la Colonne. Une excellente notice sur le glorieux martyr Arlésien, publiée en 1869 par l'abbé Aninard, nous apprend que des contemporains se rappellent encore avoir vu cette colonne ; mais sous le premier empire elle fut chargée sur une barque avec d'autres objets précieux qui devaient enrichir les Musées de Paris ; la barque fut engloutie sous les eaux, au passage du Pont St-Esprit.

Un autre miracle non moins touchant est rapporté par le Saint historien.

Une malheureuse femme injustement accusée de crime par son mari, fut condamnée a subir l'épreuve du *jugement de Dieu* par l'eau froide. On conduisit l'accusée sur une barque au milieu du Rhône, et là, avec une pierre attachée au cou, elle fut précipitée dans le fleuve : dans sa détresse, elle invoqua Saint-Genes traversant lui-même ces flots, et malgré ses chaînes, malgré le poids de la pierre et la force du courant, elle fut portée sur les eaux jusqu'au rivage où le peuple plein de joie et de reconnaissance la reçut pour la conduire en triomphe devant les reliques du Saint.

Mais le prodige qui a le plus contribué à la gloire de St Genès, est celui qui fit sentir sa puissante protection à une foule nombreuse en danger de périr ; nous en devons le récit à St Hilaire d'Arles qui en fut l'heureux témoin et l'éloquent historien, nous ne pouvons mieux faire que de le laisser parler lui-même :

« Raconter les œuvres de Dieu, dit-il, c'est l'honorer ; il ne faut donc pas passer sous silence les prodiges de sa puissance opérés à la gloire du Saint martyr Genès.

Un accident assez fréquent à Arles, vint jeter la terreur dans cette ville, le jour de la fête de St Genès. A l'occasion de cette solennité les habitants de la ville et un grand nombre d'étrangers étaient venus auprès des reliques de leur protecteur demander les grâces dont ils avaient besoin ; puis après avoir satisfait leur dévotion dans la majestueuse basilique, ils se dirigèrent vers le lieu du martyre en traversant le Rhône par le pont de bateau qui unissait les deux rives. Sous le poids peut-être trop lourd, où suivant notre historien par les embûches de quelque esprit mauvais, les poutres détachées jetèrent tous les fidèles au milieu des flots, et cela je puis l'affirmer avec certitude, dit St Hilaire, car alors, je retirais à peine mon pied du pont.

Aussitôt une immense clameur s'élève du sein des eaux, comme des deux rives ; les uns avaient déjà l'abîme creusé sous eux, les autres pleurent à l'avance un père, une épouse, des enfants, ou au moins des amis. Au milieu de ce tumulte, les chevaux affolés de terreur brisaient leurs liens et broyaient tout ce qui leur résistait.

Pendant ce temps l'Evêque Honorat saisi de douleur devant ce terrible évènement qui allait jeter son peuple dans une si cruelle affliction, sentit tout le poids de sa responsabilité; levant les yeux au ciel et comme ravi en esprit, il demanda un miracle à notre Saint et il lui fut accordé.

Malgré la profondeur des eaux, malgré l'escarpement des rives où abordaient sans cesse les navires pour décharger leurs richesses, personne n'est entraîné par le courant, personne n'est écrasé sous les débris du pont; mais tous sans exception atteignent le rivage ; tel qu'il est entré, l'immense cortége est sorti ; les maîtres et les esclaves furent miraculeusement sauvés, les jeunes filles parées en l'honneur de Dieu ne perdirent aucun de leurs joyaux; aussi la plus grande joie succéda à la plus grande tristesse, les enfants se jettaient dans les bras de leurs parents qui les enlaçaient avec un reste de crainte convulsive ; puis à ce premier mouvement succéda bientôt l'élan de la foi la plus pure, les manifestations de la plus vive reconnaissance : vous le savez vous qui l'avez vu comme moi, ajoute le Saint historien : sans tenir compte de l'humidité de leurs vêtements, méprisant la fraîcheur du matin, les pieux pèlerins montèrent sur des barques, et arrivèrent comme en triomphe au lieu du martyre où ils se dirigeaient d'abord. L'allégresse fut bien plus grande qu'elle aurait été, la ferveur éclata en transports indicibles, le St Evêque surtout ne pouvait contenir les émotions de son âme ; le bonheur de voir intact le nombre de ses enfants était peint sur tous ses traits. Il aurait bien pu raconter lui-même, dit en terminant St Hilaire, ce miracle éclatant, mais son humilité craignit qu'il n'y eût de l'orgueil à parler d'un prodige auquel il avait pris une si grande part. »

« Les reliques de St Genes sont conservées presqu'en totalité dans l'église de St Trophime ; (nous empruntons ces renseignements à M. l'abbé Aninard); profanées à l'époque de la Révolution, avec d'autres trésors de l'é-

— 15 —

glise métropolitaine, elles furent authentiquées de nouveau en juin 1839, à l'aide des anciens procès verbaux des visites archiépiscopales qui en faisaient la description. Les ossements de St Genes furent plus facilement reconnus que d'autres à des signes indubitables, entr'autres à leur grosseur : le jeune martyr avait, parait-il, malgré son âge peu avancé, des formes athlétiques. »

Nous terminerons, comme l'auteur déjà cité, par les paroles mêmes de St Paulin : « Voilà le récit des actes du martyr, tels qu'ils se sont accomplis, et qu'ils nous ont été transmis. Vous qui les connaissez, plaisez-vous à les relire ; vous qui les ignorez, faites en votre science. Puisse la gloire d'un si saint martyr aller croissant d'âge en âge, elle qui doit vaincre les siècles éternels, et que chacun prépare son âme pour imiter suivant ses forces, si la foi l'exige, d'aussi grands combats. Priez aussi afin que le bienheureux Genes toujours debout auprès du trône du Seigneur jusqu'au jour de la justice, assiste de sa puissante protection, l'Eglise, ceux qui la gouvernent, vous tous, et celui qui pour votre instruction a tracé ces lignes. »

Puisse aussi, ajouterons nous encore, notre Saint Patron, nous continuer sa puissante protection. A Saint Ysarn, nous demanderons son secours pour achever l'érection d'une Église qui lui fut spécialement confiée ; à Saint-Genes nous demanderons d'entretenir dans ce troupeau qui lui fut si cher, la piété traditionnelle qui a été constamment signalée dans notre chère paroisse.

Marseille. — Imprimerie V⁰ P^{re} CHAUFFARD, rue des Feuillants, 20.

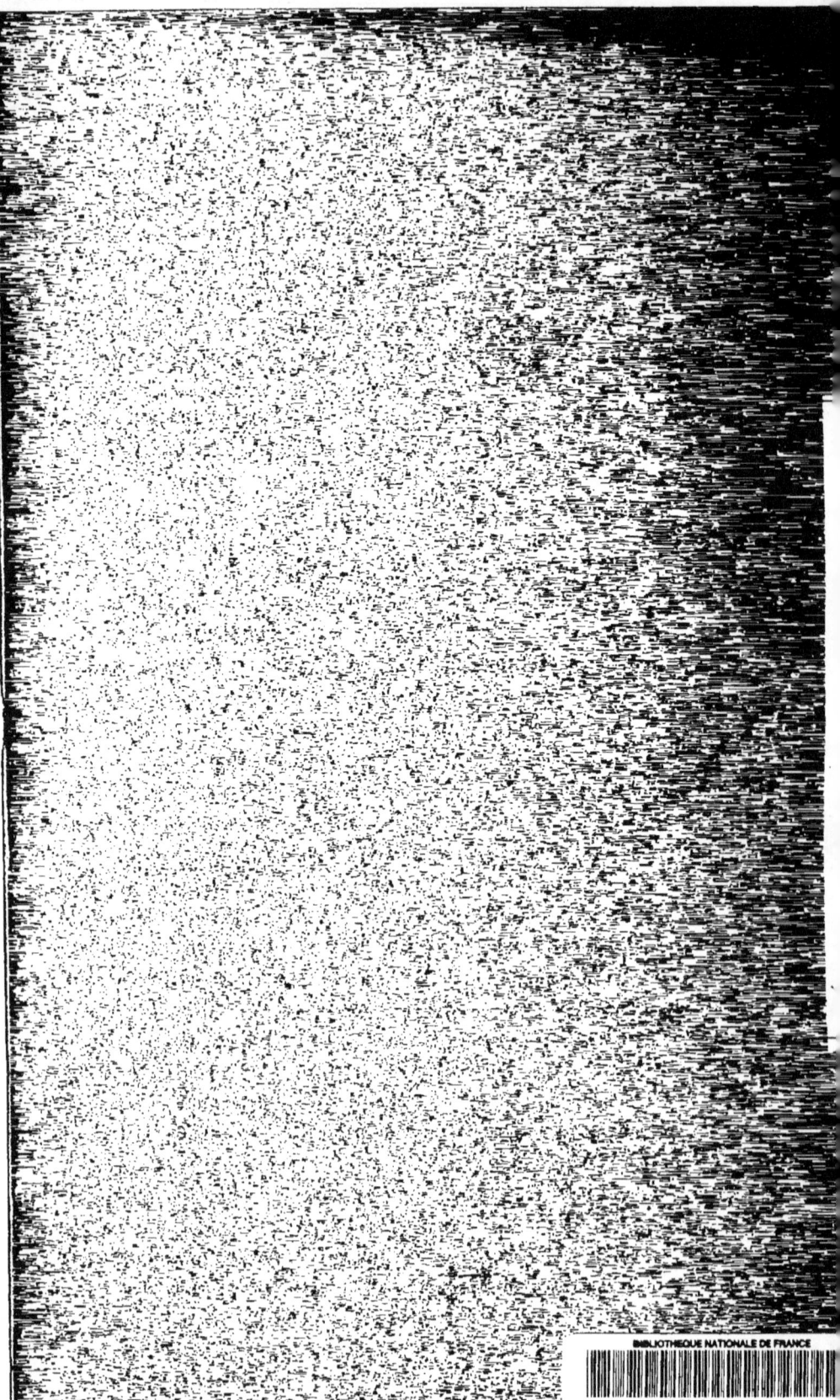

www.ingramcontent.com/pod-product-compliance
Lightning Source LLC
Chambersburg PA
CBHW060633050426
42451CB00012B/2564